****

UN MOT

SUR LE

DÉFICIT KESSNER,

SUR LES CAUSES DE CE DÉFICIT

ET SUR

LES CAS DE RESPONSABILITÉ QUI *DEVRAIENT* EN RÉSULTER.

PAR V. RODDE,

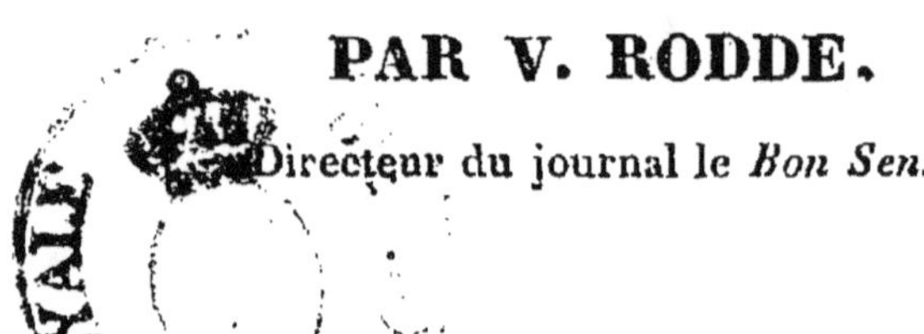

Directeur du journal le *Bon Sens.*

Nourri dans le sérail, j'en connais les détours.

L'ex-caissier Kessner a volé au trésor une somme de 6,148,553 francs.

Sur quels fonds a-t-il pris cette somme énorme ?

Sur les paiemens faits par anticipation, par les porteurs de l'emprunt de 120 millions. Kessner a dissimulé dans ses écritures la recette d'un grand nombre des coupons escomptés.

Comment se fait-il que le vol ait été consommé sans que le ministre et ses chefs de service s'en soient aperçus ?

Parce que le ministre a dispensé Kessner de de toute espèce de surveillance.

Voilà réduits à leur plus simple expression les faits tels qu'ils résultent de l'enquête faite par les deux commissions de la chambre des députés, qui, en 1832 et 1833, ont été chargées de faire leur rapport tant sur les causes du déficit, que sur les cas de responsabilité qui pouvaient en résulter.

La dernière commission a été spécialement chargée de présenter à la chambre un projet de résolution, après examen des documens recueillis par la commission de 1832 et tous autres qu'elle jugerait nécessaires.

M. Martin du Nord fesait partie de l'une et l'autre commissions ; il a été honoré deux fois du titre de rapporteur, et deux fois il a déclaré que non-seulement le ministre n'avait point encouru le cas de responsabilité, mais encore qu'il ne méritait aucun blâme.

Je ne suivrai pas M. le rapporteur dans le détail de quelques circonstances étrangères au fait principal, circonstances qui établissent que Kessner, abandonné à lui-même, débarrassé de toute surveillance, disposait des fonds du trésor en toute liberté, et ne passait écriture des recettes

que long-temps après la date de leur encaissement.

Toutes ces circonstances sont sans doute de
quelque intérêt, elles établissent l'habitude cons-
tante du désordre dans la gestion de Kessner,
mais elles ne conduisent à aucun résultat satis-
faisant pour la solution des questions qu'il s'agit
de résoudre.

Aussi les retards d'enregistrement signalés
dans quelques recettes faites pour le service d'en-
tretien et de conservation de l'ancienne liste ci-
vile, retards constatés par la nouvelle commission et non signalés par la précédente, quelque
graves qu'ils soient, tant sous le rapport de la cul-
pabilité de Kessner, que sous celui de l'insuffi-
sance des investigations faites par l'ancienne commission, ne seront-ils considérés par moi que
comme des incidens particuliers de l'affaire prin-
cipale.

Les cinq grandes questions qu'elle présente à
résoudre sont évidemment celles-ci :

1º Le ministre a-t-il, dans l'emprunt de 120
millions, fait exécuter les ordonnances conservatrices des intérêts du trésor ?

2º L'arrêté du 25 avril 1831, rendu, dit-on,
sur l'avis des divers chefs de service, à l'exem-
ple de ce qui avait été fait précédemment, détrui-
sait-il tout moyen de vérification ?

3º Le ministre savait-il, lorsqu'il accordait à

Kessner une confiance absolue, que ce comptable jouait à la bourse, soit pour son compte, soit pour le compte d'autrui ?

4° Le ministre a-t-il fait rigoureusement ce qu'il devait après la connaissance qu'il a eue du premier arrêt de la cour des comptes relativement à un premier vol de 134,000 francs commis par Kessner ?

5° Le ministre a-t-il fait tout ce qu'il devait faire pour se saisir de la personne de Kessner ?

Sur la première question, la réponse est péremptoire. M. Louis avoue qu'il s'est dispensé de faire observer les réglemens, d'exiger l'exécution des mesures conservatrices ; mais il donne pour cela une raison que la commission trouve bonne, c'est que ses prédécesseurs en avaient agi de la sorte en semblable occurrence.

Ici arrive la deuxième question soulevée par l'existence de l'arrêté du 21 avril 1831.

Cet arrêté dispensait Kessner des formalités prescrites par l'ordonnance de novembre 1817, et c'est précisément l'inexécution de ces formalités qui a rendu impossible la vérification de la comptabilité de Kessner ; « Mais, dit-on, le
» ministre est ici parfaitement irréprochable, il
» a rendu son arrêté sur l'avis de ses principaux
» chefs de service.

» Les mesures promptes et expéditives auto-
» risées par ce nouvel arrêté donnaient aux pré-

» teurs des facilités dont il était sage de ne pas
» les priver, et, d'ailleurs, ces mêmes mesures
» avaient été adoptées par les prédécesseurs du
» baron Louis et n'avaient jamais engendré aucun
» abus. »

Je suis de cet avis : je pense que pour accélérer l'encaissement du produit de l'emprunt, que pour faciliter les escomptes, il était convenable de simplifier autant que possible les écritures et de ne point assujétir les porteurs de l'emprunt qui venaient payer par anticipation à la formalité du visa, formalité qui pouvait nuire à la rapidité du service et peut-être détourner les escomptes; mais ce défaut de formalité pouvait être suppléé très facilement et n'entraînait pas l'inutilité de toute vérification.

M. Roddier, directeur général de la comptabilité, remplissait vis-à-vis de M. Kessner deux fonctions importantes.

La première, de viser ses récépissés; la seconde, de surveiller sa gestion, et de tenir, en exécution de l'article 5 de l'arrêté du 10 novembre 1816, une *comptabilité courante et journalière* de l'ensemble de ses opérations.

Admettons donc la suppression du visa pour les récépissés, il restera toujours la surveillance et la *comptabilité courante et journalière*.

Eh bien! je le soutiens, sans crainte d'être contredit par qui que soit : l'éxécution de cette sur-

veillance (en l'absence de la formalité du visa),
devait suffire pour empêcher tout détournement
de la part de Kessner.

On objectera sans doute que Kessner ne tenait
pas note des sommes qu'il recevait par anticipation ; que ses registres ne constataient pas tous
les versemens, et que dès lors, en l'absence des
récépissés, le directeur de la comptabilité générale n'avait d'autres élémens pour établir la situation de Kesner que ses registres ; or, comme
ils ne faisaient pas mention des recettes dissimu-
lées, il était impossible de constater le déficit.

Ce raisonnement paraît péremptoire , et je ne
suis pas étonné que la commission l'ait accueilli
comme une justification suffisante. Elle ne pouvait pas savoir en effet que la comptabilité générale eût d'autres moyens d'établir la situation de
Kessner que de comparer sa caisse avec ses écritures ; cependant les moyens de vérification ne
manquaient pas. En effet, le caissier central a des
sous-caissiers sous ses ordres ; c'est aux sous-
caisses que se versent les fonds et qu'on en tient
registre.

Ainsi donc, à défaut d'un moyen de vérification enlevé par la dispense du visa, il en restait
un autre, celui de la comparaison des registres
des sous-caissiers avec le registre du caissier
central.

Mais, dira-t-on, Kessner recevait directe-

ment ; les sous-caissiers n'ont eu aucune connaissance des sommes détournées. Leurs registres
n'en font pas mention.

Je demanderai, dans ce cas, à M. Roddier s'il a
été pris un arrêté pour dispenser les sous-caissiers de faire leur service, comme il en a été pris
un pour dispenser de la formalité du visa; et si cet
arrêté n'a pas été pris, je demanderai pourquoi
on a permis à M. Kessner de se charger d'un tra-
vail pénible et fatiguant qui appartenait à des
caissiers subalternes ; comment surtout il s'en
est chargé pour une opération qui exigeait la
plus grande célérité et qui devait dès lors être
nécessairement entravée par sa cencentration dans
les mains d'un seul.

D'un autre côté, et à défaut du visa, à défaut
des registres des sous-caissiers, le directeur général de la comptabilité avait un autre moyen de
vérifier la gestion de Kessner et de reconnaître
le déficit.

Les art. 4 et 5 de l'arrêté du 30 décembre 1829
sont ainsi conçus :

« Art. 4. Le directeur de la dette inscrite met-
» tra chaque mois sous les yeux du ministre un
» compte sommaire, extrait des écritures de la
» comptabilité centrale et présentant le mouve-
» ment, pendant le mois, ainsi que la situation
» à la fin du mois, des différentes parties de la
» dette inscrite.

» Art. 5. La direction de la dette inscrite et
» les autres directions du ministère se commu-
» niqueront les résultats de comptabilité qui leur
» seront nécessaires pour leurs travaux respec-
» tifs. »

Il faut ne pas perdre de vue que Kessner n'a
dissimulé dans ses écritures d'autres recettes que
celles provenant des escomptes faits sur l'emprunt de 120 millions.

Or, les emprunteurs ne payaient par anticipation que pour obtenir, en échange de leurs bordereaux de souscription à l'emprunt, des reconnaissances régulières de la dette inscrite.

A la direction de la dette inscrite, on connaissait donc exactement tous les versemens faits
par anticipation entre les mains de Kessner.

Kessner devait d'ailleurs fournir, jour par jour,
au directeur de la dette inscrite, un bordereau
des sommes versées, bordereau qui servait à vérifier les reconnaissances partielles délivrées à
chacun.

Ainsi donc, tout en dissimulant dans ses écritures l'importance de ses recettes, tout en faisant
lui-même l'ouvrage des sous-caissiers, afin de
faire disparaître ce moyen de vérification, Kessner savait bien qu'il ne pouvait rien cacher à la
dette inscrite, que le plus léger examen suffirait
pour le faire prendre en flagrant délit, et cependant il ne s'en est pas beaucoup gêné,

Comment expliquer maintenant qu'on ait toléré l'usurpation des fonctions matérielles des sous-caissiers par le caissier central?

Comment admettre que cette usurpation n'ait pas fait naître quelques soupçons, et que, pour s'en affranchir, M. Roddier n'ait pas, ainsi qu'il en avait le droit et le devoir, consulté les registres de la dette inscrite?

Comment se fait-il qu'au bout de chaque mois il ait négligé de consulter le bordereau mensuel rédigé à la dette inscrite, bordereau qui n'a d'autre utilité que de le mettre en mesure de coordonner les diverses comptabilités et de les vérifier les unes par les autres?

En vérité, il faut que M. Roddier compte beaucoup sur l'ignorance du public en matière de comptabilité, pour espérer qu'il puisse réussir à faire croire que les déprédations de l'ex-caissier ont eu lieu sans qu'il ait pu s'en apercevoir. Moi, je crois avoir prouvé qu'il est impossible qu'il ne s'en soit pas aperçu.

M. Louis et ses chefs de service ont affranchi Kessner, non-seulement de la formalité du visa, formalité qui pouvait être suppléée par d'autres moyens de vérification, mais encore ils ont toléré, autorisé, permis les infractions les plus coupables à l'esprit et à la lettre des réglemens; ils n'ont tenu compte d'aucun avertissement, ils n'ont vu ni voulu voir aucun des résultats qui

surgissaient du plus simple examen des bordereaux de la dette inscrite, et, comme il est impossible de supposer que ces bordereaux n'aient
pas été comparés avec les autres écritures de la
comptabilité générale, il reste démontré que la
situation de Kessner n'a pu être ignorée d'aucun
des chefs de service : car il faudrait alors les ac-
cuser d'ineptie, et, certes, ils n'en sont pas là.
MM. Rielle et Roddier savent bien y voir clair,
lorsqu'il le faut.

Comment faisait donc M. Rielle, directeur du
mouvement général des fonds, pour organiser
son service, s'il ignorait la situation de la caisse
de Kessner ?

IIIe QUESTION. *Le ministre savait-il, lorsqu'il
accordait à Kessner une confiance absolue, que
ce comptable jouait à la Bourse, soit pour son
compte, soit pour le compte d'autrui ?*

M. LOUIS a répondu à cette question dans la
séance du 27 janvier 1832 :

« Je n'ai su que depuis la catastrophe que
» Kessner se livrât à de grandes opérations de
» bourse ; je n'ai été averti par personne au
» monde ; je n'ai pas entendu un seul de mes
» amis, soit de la bourse, soit du ministère,
» soit du public, qui m'ait mis en garde contre
» la confiance que j'avais en lui. »

M. MARTIN du Nord y répond ainsi :

« L'instruction constate que, quelque temps

» avant la catastrophe du 9 janvier, le ministère
» avait reçu l'avis que Kessner s'occupait d'opé-
» rations de bourse : de son côté, *le ministre*
» *avoue qu'il appela Kessner et lui en fit des re-*
» *proches.* »

' Comment concilier le désaveu formel fait à la tribune par le baron Louis, avec l'aveu tardif qu'il a fait à la commission ? Le désaveu par anticipation n'était-il pas commandé par le besoin de prouver qu'il n'était pas le complice de Kessner ? L'aveu n'est-il pas un hommage forcé rendu à la vérité en présence de témoignages incontestables ? Et, dans ce cas, que faut-il en conclure ?

IVe QUESTION. *Le ministre a-t-il fait rigoureusement ce qu'il devait après la connaissance qu'il a eue du premier arrêt de la cour des comptes relativement à un premier vol de 134,000 francs commis par Kessner ?*

« M. Louis n'a rien fait, il l'avoue ; mais il dé-
» clare qu'ayant consulté ses chefs de service, il
» a été reconnu qu'il n'y avait là qu'une erreur
» qui ne pouvait donner lieu au moindre soup-
» çon d'improbité. »

Il faut se jouer bien audacieusement de la crédulité publique, pour supposer qu'une pareille justification puisse être admise. Quoi ! 134,000 f, ont été distraits des coffres du trésor ; ils ne figurent ni sur les livres ni dans la caisse, et on appelle cela une erreur !

Une erreur se conçoit, et tout le monde en fait; le caissier le plus habile trouve rarement sa caisse juste chaque fois qu'il l'a fait.

Il y a erreur lorsqu'on a porté sur son registre comme reçue une somme qui n'a pas été encaissée; alors la caisse est en déficit comparativement aux écritures.

Il y a erreur lorsqu'on a encaissé une somme dont on n'a pas passé écriture; alors il y a déficit dans le registre comparativement à la caisse.

Voilà comme se font les erreurs, et, avec un peu de recueillement et quelques vérifications, ces erreurs-là sont bientôt réparées.

Mais lorsque la caisse est d'accord avec les registres, lorsque, pour réparer l'*erreur prétendue*, il faut à la fois passer écriture oubliée, et verser une somme de 134,000 francs qu'on a aussi oubliée *dans sa poche*, alors l'erreur est de celles qui conduisent au carcan; et les chefs de service qui, consultés, déclarent que c'est une erreur, sont nécessairement stupides ou complices. Or, leur habileté bien connue repousse évidemment le premier reproche.

Ve QUESTION. *Le ministre a-t-il fait tout ce qu'il devait pour se saisir de la personne de Kessner?*

Ici la commission reconnaît que des ordres sévères, exécutés avec promptitude, auraient permis aux agens de la force publique de s'emparer de la personne de Kessner ; mais elle a pensé qu'il y aurait quelque injustice à juger avec sévérité le ministre des finances, qui devait attacher moins d'importance à l'arrestation de Kessner qu'à écouter les offres que lui faisait un banquier de Paris, de combler un *déficit* dont on ne connaissait alors qu'une faible partie.

Ainsi donc Kessner a été dégagé de toute espèce de surveillance ; on a permis qu'il fît lui-même l'ouvrage de ses subalternes, évidemment pour qu'il ne restât aucun moyen de vérifier sa caisse par ses écritures ; on l'a dispensé de la formalité du visa prescrit par une ordonnance royale, et cela au moyen d'un simple arrêté.

Sa gestion, ainsi débarrassée de tout moyen de vérification directe, pouvait encore être contrôlée par les registres de la dette inscrite ; cette vérification n'était pas seulement facultative pour M. Roddier, elle était obligatoire ; peut-on admettre dès lors qu'elle ait été négligée, et si elle ne l'a pas été, comment prétendre aujourd'hui qu'on a ignoré la situation de Kessner ?

D'un autre côté, Kessner jouait à la bourse ; il recevait tous les jours un grand nombre d'agens de change dans son cabinet ; il payait à bureau ouvert les différences, et n'en faisait mystère à personne. Le baron Louis le savait, et, quoiqu'il ait eu *la précaution* de le nier d'abord, il a été obligé de l'avouer plus tard.

Le ministre devait être en garde contre Kessner, à cause de cette habitude de jouer à la bourse,
et cependant il ne le soumettait à aucune espèce
de surveillance ; il a su, à ne pas en douter, que
134,000 francs avaient été détournés par lui des
caisses du trésor ; il les y a fait réintégrer et *a cru*
qu'il n'y avait là qu'une simple erreur. Enfin,
prévenu, par M. l'inspecteur général Bailly, de
l'état déplorable dans lequel se trouvait la comptabilité du caissier central, informé par une
lettre qu'il s'était retiré à Montmorency pour s'y
asphyxier, il ne prend aucune précaution pour
le faire arrêter, il le laisse s'évader.

Quelle tolérance pour un voleur ! et comment
la concilier avec les mesures employées à l'égard
des écrivains politiques ! comment justifier la non
arrestation d'un Kessner, lorsque les prisons sont
encombrées de patriotes arrêtés pour des imputa-
tions qui n'ont bien souvent d'autre prétexte que
la dénonciation d'un mouchard !

Ces faits parlent trop haut pour que je ne
m'abstienne pas d'en exprimer les conséquences ;
elles jaillissent assez claires pour que personne
ne se méprenne sur la responsabilité encourue,
tant par le baron Louis que par ses chefs de service.

Que maintenant, M. Martin du Nord propose,
au nom de la commission, non-seulement de
n'appliquer à qui que ce soit aucun cas de responsabilité, mais encore de déclarer que le ba-

ron Louis, en sa qualité de ministre des finances, n'est sujet à aucun reproche à raison des malversations dont le caissier central Kessner s'est rendu coupable, en 1831, au préjudice du trésor !

Que la chambre adopte cette proposition, qu'elle vote même des remercîmens au digne et excellent ministre qui, deux fois, a rétabli en France le crédit public !

Tout cela ne m'étonnera pas ; mais qu'on ait la prétention de détruire l'impression fâcheuse qu'a produite dans les esprits le déficit Kessner, qu'on s'imagine que les soupçons qui planent sur la tête de plus d'un haut et puissant seigneur s'évanouiront devant un verdict d'absolution prononcé par la majorité ministérielle du Palais-Bourbon ; qu'on suppose que le scandale des jeux de bourse, où se sont engloutis les millions du trésor, sera mis tout entier sur le compte de Kessner, et qu'on n'a pas aperçu la ficelle qui faisait jouer ce mannequin subalterne, on se trompe bien étrangement.

En pareille matière, la chambre des députés peut bien pardonner, mais non pas absoudre ; un vote législatif peut décharger d'une peine ; mais d'une accusation, jamais !

VICTOR RODDE.

Ancien receveur des finances.

AUFFRAY, Imprimeur, passage du Caire.